SV

Volker Braun
Das Wirklichgewollte

Suhrkamp Verlag

Satz und Druck:
MZ-Verlagsdruckerei GmbH, Memmingen
Printed in Germany
Erste Auflage 2000

1 2 3 4 5 6 – 05 04 03 02 01 00

Das Wirklichgewollte

Das alte Ehepaar Badini, als es, auf Stecken gestützt oder mit den Stecken gegen die grauen Stämme schlagend, wie um sie aufzumuntern, noch einige hundert Jahre fortzudorren, vom Ausflug durch den Olivenhain zurückkam, tief atmend und ein Grinsen um den Mund, das man in dem Alter nicht mehr blöde nennen kann, indem ein Einverständnis mit der Welt, jedenfalls dem gewählten Winkel, zuletzt natürlich ist: und das letzte Leben vermutlich das Beste ist – so will ich doch hoffen! fand die Tür seines Hauses ausgehängt, und eintretend, nicht ohne noch einmal den Blick auf den vollen Mond zu richten, ah das milde Licht über den Hügeln, die Küche besetzt von zwei jungen schmutzstarrenden Menschen, die es nicht für nötig erachteten, sich vom Tisch zu erheben, an dem sie sich mit entsetzlicher Gier gesättigt hatten, der Kühlschrank sperrangeloffen, die Einweckgläser halb geleert oder umgeworfen, ganz so, als lebe man nur einmal und käme nicht wieder – denn so ist es ja; und die alte Frau stöhnte fauchend auf und fragte zur Vorsicht: Was wollen Sie?, aber ehe die Eindringlinge im mindesten sich erklärten, gebot Badini nachsichtig Ruhe.

Und vollkommen ruhig zog er die Aneinanderhaftenden, die Messer ergriffen hatten, auseinander, sonderte ein Mädchen und einen Jungen, die sich, an seiner Hand, sofort stille hielten; und in der großen Gefahr, in der sie alle waren, standen sie wie zur Andacht gezwungen, minutenlang starr. Durch das Türloch floß die warme Nacht. Die alte Badini sah ihren kaltblütigen Gemahl unentwegt lächeln, er hielt die fremden Tatzen wie einen Fund, den er nicht loslassen durfte, die eine warme und die andere eiskalte, des Mädchens, und eine sonderbare Zufriedenheit durchzog ihn, für die er keinen Grund hätte angeben können.

Als der Schreck nachließ, übermächtigte sie, alle viere, die Müdigkeit, und die Alten schickten, böse winkend, die Einbrecher die Treppe hinauf, wiesen sie in eins der kahlen Zimmer, wo sie sich, schwarz wie sie waren, zu Bette legen sollten.

Badini erwachte früh und harrte mit Ungeduld des Moments, in dem er sich vom Lager reißen würde, um nachzusehen, ob die Vögel aufgeflogen wären. Er schlich sich endlich an die Tür, drückte sie einen Spalt auf: und wußte seine Gäste feste schlafend, das Mädchen an die Wand geschmiegt, der Junge die Arme über den Kopf gestreckt auf dem Rücken liegend. Er wagte sich hinein, von dem Bilde angesogen, er öffnete das Fenster, um die stickige Luft zu entlassen. Stieg dann sachte hinab und entdeckte beim Durchqueren des großen Raums Lucia Ordnung schaffend, der rote Steinfußboden rein gewischt; er machte ihr mit den Fingern Meldung und ging mit festen Schritten auf das Anwesen.

Giorgio Badini hatte das Landgut erworben, als es vom Padrone, der keinen Pächter fand, aufgegeben wurde, und es hatte eben dieses große Haus mit seinen Dächern und Kanten sein müssen, aus braunem Bruchstein gemauert, das schon aus der Ferne bemerkbar war. Er kannte es aus der Ferne von Kindheit an, da sein Vater, ein Maurer, sich in der Gegend verdingt hatte. Besonders stolz war Badini auf den stumpfen, viereckigen Turm seines Besitzes, der die kleinen Eichen und die Zypressen ein wenig überragte. Hinterm Haus zog sich ein halb erhaltner Weinberg hundert Schritte hinauf, seine eigentliche Weide, die er jeden Morgen erregt durchstieg. Badini selbst war Professor in Rom, am Ende seiner Pflichten, und genoß die Kür. – Sein Vater nannte eine Hütte sein eigen, und schob mit einer Karre los. Giorgio fuhr Automobil, er hatte eine Stadtwohnung, mit Fernsehgerät und Kühlschränken, er kaufte ein in Supermärkten, er reiste über Kontinente. Er, der Sohn des Maurers, lebte wie ein Fürst: wie ein Arbeiter. Was für ein Aufstieg, in dreißig Jahren. Sein Thema: *la rivoluzione* war ihm abhanden gekommen, denn sie hatte stattgefunden, wo man sie nicht machte. Das war, aus anderer Landschaft betrachtet (die seine innere war), ein grausamer, begreiflicher Witz der Geschichte (und der Witz würde ihr nicht ausgehen ...). Er hatte das Interesse an Zeitaltern verloren. Wirft man dem Baum vor, daß er um die Wölbung des Steins herumwächst? Jede Straße paßt sich der Landschaft an. Er genoß seinen Opportunismus und übersetzte alte Schriften: wie ein Künstler das Leben abschreibt. (Natürlich bemerkte er, daß es leicht ein besserer Text wurde als die Vorlage; man mußte an sich halten und nachschlechtern, um nicht das Original zu verfehlen; allein die ausfällige Wortwahl wies seine überschüssige, ungebrauchte Kraft nach.)

Als er auf der Höhe anlangte, lag die Strecke hinter ihm schon im Licht; so schnell ging die Sonne, und Lucia war vor das Haus getreten und füllte, neben dem Brunnen, einen Zuber. O, sie wollte das Bad verschonen. Sie rief ein paar unklare Laute: He, he, hi, und gleich darauf sah er die jungen Leute ängstlich aus der Türe spähen. Die Alte mit verschiedensten Gesten auf das Behältnis weisend: wie eine Schauspielerin auf der Probe; das Mädchen begriff, und Lucia hieß es, mit ungeduldiger Handbewegung, das Hemd abstreifen und drückte das Geschöpf ohne weiteres ins Wasser. Seifte Rücken, Hals und Ohren, und wie es sich empört zurückwarf, sah Giorgio das Weib, das nackt in seinem Hof stand. Jetzt schien ihm: daß Lucia das Einfachste tat ... das Unvermeidliche. Aber er hatte ja nicht anders gehandelt. Er sah den Jungen sich nähern, und plötzlich, mit der Hose bekleidet, in den Zuber springen und das Wasser schlagen. Seine Haut war dunkelbraun, das Haar schwarz, die Augen schwarz.

Meinem Sohn, wenn ich einen hätte haben dürfen, sähe er nicht gleich, dachte Giorgio, aber das bloße Wort rührte ihn schmerzlich: mein Sohn, und er starrte auf die ungelenke, die Arme schüttelnde Figur, die, mit einer kleinen Verbeugung, das Handtuch empfing und aus den Blikken schlüpfte. Mein Sohn ... und an dem Weib durfte man sich nicht vergreifen. Er rannte auf das Hügelchen hinab zu seinem Palast. – Sein armer Vater hatte ihm die Terrasse aufgemauert, das Gebäude umschleichend, der glücklichste Mann. Würde Giorgios Sohn, angenommen ... würde er auch einen solchen Fortschritt erleben? Daß er sich nur wundern kann? Und so weiter?
Mit diesem Gedanken war Badini im Saal und fand den Tisch gedeckt. Die Fremden, die gestern hier gehaust hatten, zögerten nun beschämt, Platz zu nehmen. Es war noch kein Wort mit ihnen gewechselt worden. – Giorgio, sagte Badini, Lucia. – Luisa, sagte das Mädchen, Gjergj. Man gab sich förmlich die Hand. Badini versuchte herauszufragen, woher sie kämen, und erfuhr mit Mühe soviel: Albanien. Schiff, Apulien. Abgeschoben. Entkommen. Der Poli-

zei? Luisa hob die Hände vor die Brust und schüttelte flehend den Kopf. Flüchtlinge, sagte Badini resigniert. Keine Verbrecher, Flüchtlinge. – Einbrecher, sagte Lucia. – Unmenschen, sagte Badini ratlos. Polizia, Polizia, stichelte Lucia. Man hatte sich nichts Genaues mehr zu sagen, so daß es gut war, daß die Verständigung schwierig war. Wie er die Fremden aber so zusammengesunken sitzen sah, spannte Badini unwillkürlich seinen Körper gegen die Lehne seines schönen alten Bauernstuhls und fühlte die Wollust seiner Lage. Er bezog Rente, und hier reichten ihm seine versammelten Pflanzen das Zubrot. Es gab Wein, es gab Nüsse, Kastanien, Pfirsiche, Beeren, und auch noch einige der Ölbäume trugen bei. Milde Gaben, kaum daß er die Finger rührte. Er war untätig, aber nicht unbeschäftigt, und ging nicht hinaus, ohne Äpfel aufzusammeln oder schlechte Pflaumen vom Baum zu lesen und gewissenhaft in den Mund zu stecken. So wenig er für sie tat, so wenig geizte die Natur. Es war das Paradies. Er war im Stand der Unschuld: er hatte nicht gearbeitet hier. Er hatte sich nicht an ihr vergriffen. Seine Aufgabe war, die Vögel zu verscheuchen. Lucia kochte Marmelade. Man konnte hineinkommen, in das Paradies; wenn der Pächter gestorben war und seine Söhne/Knechte das Land verlassen hatten. Wenn es brach lag. Wenn man in die Kindheit zurückging, nach Quercegrossa auf die Wiese. Die Wiesen sind das Paradies.

Giorgio blickte seine Gäste mit roher Freude an. Lucia stemmte sich auch in den Stuhl und war es auch zufrieden.

Man ging auf die Wiesen hinaus. Man konnte, wenn nicht miteinander reden, doch miteinander gehn, wenn sich auch die Jungen sträubten und mißtrauisch auf die Wegbiegung schielten. Jetzt bedauerte Badini, keinen Acker zu haben: man hätte arbeiten können. Das Nichtstun bewies ihnen nichts, und diese da waren nicht dafür geschaffen. Sie hatten die Arbeit vor sich. Dieses Unterschieds nicht achtend, nahm Badini das Mädchen bei der Hand und führte es durch die Landschaft. Der Alten blieb Gjergj überlassen. Er hatte das Hemd in der Hitze ausgezogen, und sie legte ihm den hageren Arm um die Schulter. So bildeten sie zwei seltsame Paare. Das vordere schritt schneller aus: als hätte es etwas im Sinn, das hintere träumte dahin. Als sich

Giorgio einmal umwandte, sah er zwei kindergleiche Gestalten, er schaute verblüfft ein zweitesmal: und Lucia wieder ein junges Ding; sie hatte den Zipfel des Kleids gefaßt, des Mädchenkleids, das sie hier abtrug oder auftrug. Das kleidete sie nach dreißig Jahren noch immer. Es war etwas Verrücktes, Erstaunliches mit ihr. Sie blieb sich gleich, wie ein festgehaltener Tag. Aber jetzt war ein Morgen.

Aber jetzt schob Gjergj, in einem Widerwillen, Lucias alten Arm von sich und duckte sich weg. Sie hielt den Arm, wie einen störrischen Gegenstand, von sich gestreckt und sah im unbarmherzigen Licht die faltige, verdorrte Haut. Sie schrie lautlos auf und griff in einem Krampf nach dem glatten Rücken. Gjergj, sich seiner Ungezogenheit bewußt, ließ zu, daß sie ihn erreichte; doch ging er einen Schritt voraus, und sie hatte die Haftung zu halten. Ihre Hand lag auf seiner jungen Haut auf der Folter. Sie wagte nicht, sie fortzunehmen, so sehr sie brannte, wenn Gjergj, den Kopf frech zur Seite, seine schwarzen Lupen auf sie setzte. Zu welchem Terror war ein junger Geliebter fähig. Was hätte sie gegeben, über das Schulterblatt zu streichen. Aber Angst beschlich sie, lächerlich zu werden, und sie stapfte würdig, mit strenger Miene, am Schluß.

Der Alte hatte indessen sein Zieh-Kind hinter einige Böschungen gebracht, wo er außer Atem innehielt und sich mit dem einen Ärmel übers Gesicht fuhr, und mit dem anderen Ärmel über das Gesicht des Weibes. Er tat das sachlich, wie ein Maurer über eine Fuge wischt. Die Person ließ es soweit zu. Giorgio, vor ihr im Wege stehend, sog ihren Atem ein und betrachtete, die Fingerkuppen zuhilfe nehmend, das Gesicht, das Kinn des Gewächses. Man stand ganz nah aber bedeckt von der Nachhut, deren Nähe die Sinne wunderbar süßte. Er drückte die Zungenspitze wählerisch zwischen seine Lippen. Dann faßte er Luisa an den Schulterblättern und strich an den glatten, heißen Armen entlang, und Luisa fragte: Was wollen Sie? – Giorgio steckte den Kopf zurück, sich die Laute übersetzend. Sein Herz schlug gegen die Rippen, er schob sein Hemd auf. Er stank nach altem Laub.

Später am Tag, als, der Hitze wegen, die Siesta angeordnet war, zog man in alter Paarung auf die Zimmer. Die Alten, die sonst in getrennten Räumen dämmerten, beratschlagten, wie mit dem Zuwachs umzugehen wäre. Hatte man ihn zu melden, oder fortzuschicken? Würde sich das ausbreiten (denn *die Flüchtlinge* waren das neue Thema), war man seiner Habe sicher? – Luisa könnte man im Haus verwenden, sagte Giorgio. Den Jungen müsse man abliefern, sagte Lucia. Es kamen amtliche Vorgänge auf sie zu, Gesetze, Anordnungen, Paragraphen kamen zur Geltung, sie gerieten in ein Räderwerk. Staatsgewalt, das nackte Recht.

Es wunderte sie aber, daß nebenan Grabesruhe war und man sich keine Gedanken machte. Das schlief wohl erschöpft, zutrauend wie Kinder sind. Der Alte ging wiederum an die Nebentür: und fand sie offen, den Raum leer. Die Alte trat nun auch auf den Flur, enttäuscht und erleichtert. Davon, die Vögel, sagte Giorgio lächelnd. Sie schob ihn in ihr Zimmer, hielt die Finger auf den Mund, wie um etwas Heimliches zu signalisieren. Sie griff um seinen mageren Leib. Giorgio lächelte nicht mehr. – Vielleicht versteckt, erwiderte sie jetzt träge. Wozu! sagte Giorgio.

Sie gingen durch die Winkel und hängten sich aus den ungerahmten Luken; und vergaßen, bei dem Ausblick, die Verlorenen, bis ein Wagen der Miliz, mit tönendem Signalhorn, den Prospekt durchschnitt in Höllenfahrt. Sie stiegen in den Hof hinab, und nur in Überlegung, wo sie selber sich verbergen würden, drückten sie sich in die Capanna, die ihnen mit dem offenen Dachstuhl immer ein Kirchenschiff war, gefüllt mit Heurauch. Es dauerte, bis sie in der Düsternis den Augen vertrauten: und den hellen halbrunden Fleck erkannten, der sich vor ihren Füßen hob und senkte, und auch bei ihrem Eintreten sich nicht beruhigte, noch bei den Worten, die Lucia ausstieß. Luisas Hintern; die über Gjergj kniete, der auf der Karrete lag die Arme über den Kopf gestreckt. Der blickte, den Kopf zur Seite, frech auf die Eindringlinge. Es war nicht der Alten Art, alles geschehen zu lassen, und so blieben sie also stehen, während die Jungen aber zu beschäftigt waren, und Lucia stöhnte, und Luisa stöhnte, in so ungleicher Weise, daß Giorgio plötzlich Haß empfand und keuchend seine Hosenträger spannte. Er stand ohne alle Reue vor diesem Altar. Luisa umschlang jetzt den Freund und verstummte, und Lucia umarmte sich streng, Giorgio atmete den Staub aus dem Balken Licht, in den er die

Stirn stieß. Dann stapfte das Ehepaar Badini aus der Scheune.
Es saß am Abend auf einem der Steindämme am Hang. Es war ein wenig durcheinander. – Die unterirdischen Mäuerchen waren, vor vielen dreißig Jahren, angelegt worden, damit der Regen nicht den Boden fortspülte. Es steckte Arbeit in dem Hang. Die Natur, mit ihren feinen Linien, war gezeichnet von Arbeit, und der Mensch war gezeichnet von der Natur. Man mußte leben. – Sie sahen bei dem Satz voreinander hin, vor die Zehenspitzen. Die Zehen gruben sich in die Erde. Badinis hatten sich (wie wir sahen) mit der Erde nie beschäftigt. Man ging darüber hin. In dreißig Jahren, besagt eine Theorie, sagte der Alte, findet eine Mutation der Menschheit statt. – Eine Mutation? – Das heißt der Arbeit. Der Maschinenmensch kommt. Oder eine andere Gesellschaft. – Das ist nicht neu, sagte Lucia. – Das muß es aber sein. – Im Grunde, sagte Lucia, geht es – sie scharrte in dem trockenen Boden. Es geht darum, erwiderte er schroff – . Sie schwiegen. Und schauten aneinander auf, in ihre alten, um so schöneren Gesichter. Wir können die Wahrheit nicht aushal-

ten, sagte sie. – Welche Wahrheit. – Daß es zuende geht. Daß wir gewöhnlich sind, zischte sie zwischen den halben Zähnen. Er faßte ihren dürren Arm. Du riechst, sagte sie, wie Erde. – Wie das Grab? Er lachte. – Wir brauchen tausendmal mehr Kraft – sie sah auf den silbernen Ölhain – als ein Baum. – Woher willst du das wissen. – Weil wir vergessen, was wir wissen. Weil wir uns wichtig nehmen. – Ja uns! – Nur uns. – Er hielt den Knochen fest, wie eine Steinzeitwaffe, und sie erduldete den bösen Griff. – Darum haben wir Gott. – Den Fortschritt, sagte Giorgio. – Das Höchste. Sie häufelte den Dreck auf die Beine. Du stinkst und stirbst. – Bist du verrückt, rief Giorgio und hob ihre Hand. Es wissen und dennoch nicht verrückt werden oder zum Mörder, sagte Lucia. Mörder, Mörder? sagte Giorgio scharf und schlug ihr die Hand ins Gesicht. Ja, sagte Lucia erblaßt, daß wir uns aushalten, daß die Natur uns, daß wir es aushalten. Sonst ist es die Hölle. Er würgte sie, in dem Wutanfall, und legte sich auf sie wie ein Stein; den sie mit ihren Wurzeln umfaßte.

Die Flüchtlinge waren nachts nicht im Haus.

Als Badini in der Morgenfrühe in den Hof kam,

in seiner alten Kleidung als Vogelscheuche, um sich in den Weinberg zu stellen, trat ihm Gjergj grußlos entgegen, und Badini bedeutete ihm, den Blick in den Nebel bohrend, den der Nordwind eben zerteilte, ein gewaltiger Kampf in den Tälern, fortzugehen, und als er nicht verstanden wurde, scheuchte er ihn, die Arme ausgebreitet, mit der Kehle rasselnd; der Junge wich, eine Zornfalte auf der Stirn, erschreckt einen Schritt zurück und stieß dem Alten ein Messer in die Schulter; der taumelnd zu Boden sackte, mit einem erstickten Fluch, der die Alte weckte, die oben auf der Treppe erschien und, während der Junge davonflog, die Stufen verfehlend nach unten stürzte und sich beide Arme brach, und als sie Giorgio um sich blicken sah über sich jammerte; sie schleppten sich die Stiegen hinauf und legten sich, blutüberströmt der Mann, schweißgebadet die Frau in ein Bette, wo diese, ihrer Hände nicht mächtig, die schlaffe Brust in der bluttrinkenden Bluse gegen seine Wunde drückte. Sie hatten eine Stunde hilflos gelegen, als sie ein Geräusch im Haus vernahmen, hart die Treppe herauf; Gjergj schlich, ein Grinsen im jungen Gesicht, herein, hinter ihm das Weib, das Ehepaar sah sie mit einem Gefühl der Erleichterung und des Entsetzens an, und Badini fragte: Was wollen sie?

So stehn die Dinge

Auf der Station Sewerobaikalsk, wo, nach dem Ablauf des Sozialismus in den ungeheuren Gulli, mit dem Zugverkehr alle Regung ermattet war, und vor Mattigkeit nicht zu schlafen war, lag der entlassene Ingenieur Sachar Baschkin mit seiner Frau Warwara in einem Waggon; zwei Meter entfernt, hinter dem Zaun, an den sich das warf, lagerte eine Bande von Idioten, die keinen Schlaf suchten, und erhitzt plärrten, keuchten und die leeren Flaschen auf dem Schotter entsorgten. Den Lauten nach junge, vollgelaufene Kerle, Sachar glaubte die Stimme des dicken Sergej zu hören; Sachar wälzte den Leib hin und her, die Bretterwand schrammend. Warwara kannte diese Rebellion, seine *Arbeit,* wie sie dachte, und summte dagegen an mit geschlossenem Mund und überhoher Stimme, Sachar hörte das Gewimmer, ihr *Leben,* wie er dachte. Sie waren in ihren finsteren vier Wänden; draußen der Auswurf aus den Bohrlöchern gekrochen, die Antipoden aus dem Schrankenlosen. Als Sachar Dmitritsch Baschkin nach einem anhaltenden

Schrei, dem wohl der ganze Stadtteil lauschte, bis er in ein heiseres Bellen überging, eines Hundesohns, hinaustrat, grinste ihm im Mondlicht ein dicker Mensch entgegen, vergnügt, ohne Frage, sein Neffe Sergej, ein Brett in den Händen auf einen Erschlagenen weisend. Was war zu tun? Der Junge lag in einer dunklen Pfütze, Motoröl, die Zunge hing an einem roten Faden. Weißüberflossen: ein Clownsgesicht, die Ellbogen steckten im Sand die Unterarme nach oben, umarme mich. Baschkin zögerte nicht, er hob den Leichnam an und schleifte ihn auf die Böschung. Das Zünglein hielt sich noch fest, der Körper schmiegte sich an die Schwellen. Das Gleisbett, instruierte er ihn. Sergej im Schlamm kniend am ganzen Leib zitternd, volltrunken. Baschkin stieß ihn an: dawai, und der floh davon.

Er kroch fröstelnd wieder neben die Frau, ohne die Hellwache zu kontaktieren. Er horchte lange, vergeblich, auf den Güterzug. Hatte er geträumt, war er wahnsinnig geworden? Er sackte, nach dem Einsatz, in den Schlaf. Am Morgen in den Hof tappend, der Zaun stand schräg, Latten durchgebrochen, die Beete zertrampelt, ein strahlender, klarer Tag raffte sich kühl auf, sah Warwara, und das Blut gefror ihr, die Zirbelkiefer, die allein sich gehalten hatte gegen die Hütten und Verschläge, abgehackt, abgerissen: nur ein Stumpf ragte brusthoch, an dem der dürre Buschen hing. Unfähig zu brüllen oder sich irgend mitzuteilen, harrte sie aus, daß Sachar es mit eigenen Augen sähe. Er lief aber wie ein Besessener auf die Böschung und stand dort aufatmend still: keine Spur eines Unglücks, der Tote hatte sich aufgemacht. Sachar, sagte sie flehend. Wie eine Vergewaltigte! rief sie. Wilderer! rief er, auf das Bäumchen starrend. Wirklich, wie eine Schwangere stand es, wie Shenja, die, jeder wußtes, mit Gewalt genommen worden war. Sergej, grinste Sachar; Sergej?

Sie hatten nichts zu tun. Sie begannen aber den Tag. Als wenn sie zur Arbeit wollten: ohne den Ofen zu heizen, ohne die Luken zu öffnen. Warwara wusch sich in dem abgestandenen Wasser. Sachar prüfte wie immer die Installationen, kein Strom. Sie setzten sich an den Tisch, Brot, Smetana, Warenje, und schlürften den Tee. Sie räumten wie gehetzt den Tisch ab. Shenja, sagte die Frau, wenn sie das Kind kriegt, ist sie den Posten

los. – Selber ein Kind noch. – Ist sie los, im Holzkolchos. Sachar stand schon, die Mütze auf dem Kopf, an der Waggontür. Sie legte Rot auf, in die Stiefel schlüpfend. Er hob ganz langsam den Arm und nahm, sich auf die Zehen hebend, die Makarow aus dem Versteck und barg sie ebenso träumend in der Jacke.
Sie waren keine fünfzig, kräftig und gesund. Warwaras Haar begann grau zu werden, und sie hielt sich nicht mehr grade. Er überließ ihr seit längerm das Reden oder, was schlimmer war, er sah sie nicht an dabei. Sie erinnerte sich an den Tag, an dem der jungenhaft fröhliche Blick, wie durch einen Faustschlag, aus seinem Gesicht wich. Die Strecke war, nach zwanzig Jahren, fertig gewesen, sie waren prämiert worden, dekoriert, und man hatte sie in die Verwaltung gerufen. Wir brauchen euch nicht mehr, Sachar. Wohin gehts? Eine Fahrkarte kriegt ihr, umsonst.
Wohin sollten sie denn? Arbeit, nitschewo.
Nach Piter retour? Aus Leningrad waren sie alle. Ins Neuland gefahren: ein anderer Kontinent. Sie hatten die Zelte abgebrochen – nein, ihre Wohnung verlassen und waren in Zelte

gezogen. 40 Grad minus (»im Schatten«), die Stechmückenplage. Dort, *wo man euch braucht!*

Sachar schob die Tür zu und legte das Schloß vor. Warwara hob das Baumbüschel an und zog daran, eine Totgeburt, riß es mit einem Ruck vom Stamm ab. Sie verstauten es unter dem Wagen, der auf schweren Bohlen stand. (Mehr war nicht zu tun.) Jetzt braucht gar nichts geschehn, wir leben einfach fort, und es ist der größte Kriminalfall. – Und wer ist der Täter? – Ja, wer. Die Zeit, die alles hervorbringt und umbringt. – Dann sieh dich vor, sagte sie. – Gar nicht, sagte er. Sie gingen hastig los. Warwara: zur Abteilung für soziale Bedürfnisse, oder zur Aktiengesellschaft Versorgung. Vielleicht in den Park des Sieges! Das waren nicht seine Gänge. Er haßte es anzustehn und durch den Unrat zu wandern, an den Buden der Händler vorbei, den Hunden, die aus den Lachen vor den Hydranten tranken. Die verkommene Hauptstraße hinauf, *Leningrader Prospekt.* An den Plattenbauten die Balkone zum Absturz bereit, in die Vorgärten, die die Steppe wieder erobert hatte. Am Agitpunkt: RUSSIAN BRONX. Er lief auf dem Gleis entlang. Das lag fest und gerade. Man konnte mit genauen Schritten spazieren. Der Himmel war beräumt, eine dunkle Wolke tief installiert mit riesigen Seilen. Das unendliche Licht sog einen grünlichen Schein aus dem Boden. Das Arbeitslicht ... angepaßt jedem Tag. Man sah nicht mehr, wo die Sumpflöcher gewesen waren, die Schienenbrüche, die Unglücksstellen; starrender Frost, Tauwetter, das den Untergrund in Bewegung gesetzt hatte mitsamt den Baracken und Motorwinden; aber er spürte es an den Sohlen. Er war übernächtigt, benommen. Er zählte die Toten mit den Schritten. Man hatte ihn, bei Havarien, bis Ust-Kut, bis Tynda gerufen, sein bloßes Erscheinen hatte die Haufen beruhigt. *Baschkin kommt;* die Redner, die Natschalniks waren stille gewesen. Er hatte gewußt, was zu tun war: das war eine seltene, ehrfurchtgebietende Eigenschaft. Er hatte nach dem richtigen Werkzeug gegriffen.

Am Mittag erwartete Warwara Sachar, und er kam nicht.

Er kannte die Plätze der Wilderer.

Sie war in Wahrheit im 6. Block, 2. Aufgang,

Quartier 12. Ich komme zum Duschen, sagte sie mit einem ganz jungen Gesicht. Der Mann sah verblüfft die umstandslose Person. Herein, Teuerste, sagte er, das Bad ist frei. Er war unrasiert, barfuß, im Unterhemd: Stepan Jakubik, ein Lehrausbilder, er buchstabierte sich Ich hoch drei. (Sie waren sich beim Streik der Angestellten begegnet, ihr war schlecht gewesen, man hatte ihr ein Glas Wasser gebracht. Er hatte gemurmelt: Mit Wasser wasche ich mich.) Er stellte zwei Gläser heraus und eine halbvolle Flasche. Sie hatte Piroggen dabei, und Quarktaschen für ihn. Ach, Sergej, sagte Jakubik bitter, das ist kein Dummkopf. Ich hab ihn gemocht. – Shenja, ist noch in der Lehre. – Schöne Lehre. Mit Stepan konnte man reden. Vielleicht kam sie so oft, um in einem Haus zu sein. Sie waren nicht an die Reihe gekommen ... jetzt waren die Wohnungen Waren, wie der Schnaps und das Brot. Selbst das Wasser kostete. Wer konnte sie kaufen? Sie schritt den kleinen Balkon aus. Die schönen Blöcke, Wäldchen dazwischen. Der Ginster blühte. Das Wasser lief in die Wanne (nicht umsonst). Sie genoß das Rauschen dieses Wasserfalls, in dem sich das Natürlichste und Raffinierteste mischte. Sachar würde sie nichts erzählen, um ihn nicht zu verletzen. Er kannte Jakubik nicht. Sie tauchte in die Wanne, und dem Mann fiel ein, ihr den Rücken zu seifen und die Brüste. Ein prickelndes, kühnes Erdulden; aber sie saß so würdig gerade, daß er formal verfuhr. Er kannte Baschkin auch nicht. Er setzte sich auf den Wannenrand und las vor: »Biografie des *Dings* ... Kurz, wir meinen, ein auf die Biografie gebauter Roman ist falsch ... Der Held schwillt immer mehr an und beginnt, die Dinge«, er lachte, »zu bedingen, statt durch sie bedingt zu sein. Die Biografie des Dings dagegen ... eine kalte Dusche« (er krähte gewohnt laut) »für die Literaten, weil sie den aufgeblähten *Mensch wie stolz das klingt* auf seinen Platz stellt.« – Hör mal, ihr unterrichtet nicht mehr? – Schule geschlossen. – Und die Schüler? – Die Schüler. Seit zehn Monaten kein Gehalt. – Sind auf der Straße, rief Warwara. Ohne Lohn keine Arbeit, dozierte Stepan, das gebietet mir meine Würde. Sie sah ihn kühl an. »Die Komposition läßt sich mit einem Fließband vergleichen, auf dem das Rohprodukt gleitet.

Durch menschliche Bemühungen ... ein Produkt. Die Menschen stoßen«, er schnaufte, »auf Querbahnen zu dem Ding! Jede Bahn führt neue Menschengruppen herbei! Sie treten mit dem Ding durch ihr soziales Sein in Berührung, durch ihre ... Fertigkeiten«, las er wollüstig. »Die individuellen Momente entfallen, an ihre Stelle ... berufliche Sorgen und Nöte. Man darf nicht vergessen, daß sich Menschen zu *beiden* Seiten des Fließbands befinden ... Herren und Arbeiter berühren sich organisch. In dem Ding können wir«, lachte er heftig, »den Klassenkampf miterleben. Es hätte keinen Sinn, ihn in die Psychologie zu verlegen und spezielle Barrikaden zu errichten. Die Revolution auf dem Fließband der Dinge ist härter, daran nehmen die Massen unbedingt teil.« Sie hielt mit nassen Händen das Buch fest: Sergej ... Tretjakow. – 1929, am Jenissej. Der Standardmensch. – Was für Dinge. – *Holz, Eisen, Papier, Lokomotive!* – Das Ding ... das Dasein, sagte Warwara. Darunter geht es nicht. Mit seinen Lappalien und mörderischen Einzelheiten. Stepan saß dann auf einem Stuhl und überraschte sie seinerseits. *Ich stehe* zu deiner

Verfügung, sagte er roh. Die Person stand vor ihm, mit geröteten Wangen. Schnee fiel plötzlich tuchdick vor das Fenster. Er nahm ihren Kopf in die Hände. Sie lachte auf; was will sie, was will er?
Baschkin schlug an die Tür des Lagerraums, kein Laut. Er öffnete mit einem Haken den Riegel. Ein Geruch nach Tabak und süßem Rauch. Sergej lag in Kleidern am Boden. Baschkin zog die Pistole und band dem Aschweißen die Hände. Paschli, mein Freund. Er drängte ihn ein wenig mit der Schulter, dann lief Sergej von selbst. Die Berührung tat Sachar wohl, er sah auf den festen Rücken, den hellen angstnassen Haarschopf. Mein Brudersohn, dachte er: der Bandit. LaufaufdemSchwanz. Wohin, fragte Sergej. – Miliz! – Sergej wandte sich um, sah aber Sachars entschlossene Miene. Sie trabten über die Brache. Der Himmel war zugeschoben mit allem Großgerät, Schnee. Baschkin war nicht sicher, wohin es ging. Paschli, paschli! (Es ging auf das Gleis.) Er hatte kein Interesse, ihn zur Miliz zu bringen. Das *Verhör:* er wollte dabeisein. Es war auch sein Fall ... Sergej, Antonytsch.

An der Biegung der BAM wartete das Gericht.
Ein Asozialer, gab Sachar Auskunft.
Selber ein Asozialer. Ein Waggontschik bist du.
Sachar nickte. Und er ein Dieb, ein Räuber ... die Wohnung war uns versprochen.
Umsonst, wie. Ihr Räuber. Ihr Diebe.
Sachar kam aus dem Tritt. Hier war Wald, alles Wald ... Wir haben die Stadt gebaut.
Die Stadt, wo lebst du. Barbar. Das Licht brennt zwei Stunden. Du hältst Hühner?
Gewiß ... Ein Barbar ist e r. Abenteurer! Er lachte.
Sachar Dmitritsch – was willst du.
(Das frage ich mich, dachte er grimmig.)
Den *langen Rubel*, na.
Die ruhmreiche Sache.
Hier waren wir frei, und sind es noch ...
»Der Himmel ist hoch.«
Sachar nahm die Gedanken zusammen. Sergej hüpfte über die Schwellen.
Arbeit, versteht ihr. Etwas Sinnvolles tun ... wir lebten für was.
»Weder im trägen Flug dieser Vögel noch in dem Morgen, der sich so zuverlässig erhebt, noch in

der Weite der Steppe war irgendein Sinn zu erkennen.«

Aber die Strecke – hat Sinn, sagte Sachar sacht.

Ja, merk ihn dir . . . unnützer Mensch.

Er blieb ein paar Schritte zurück. Er schielte zu dem Gericht.

Zwei Züge am Tag, statt zwanzig. Wenn das Gleis nicht verkauft wird.

Wie!

Wenn es nicht einfach verschwindet.

Das Gleis?

Am Amur!

Er steckte die Waffe weg. Jetzt reist das Gesindel, die Mafia!

Du hast ihm die Strecke gebaut. Idiot.

Sachar schluckte. Idiot! Er sah in den schmalen Durchlaß vorne. Ein fahles Gelb wie Plastiksäcke vor den Horizont geworfen.

Eine Strecke, kein Dasein. Eine eiserne Spur.

Wohin! fragte wieder Sergej.

Baschkin hielt im Zorn an. Sergej gebückt: ein krummer Nagel im Brett, den man herausschlagen muß.

Ah, aus der Bahn geraten ist er: Antonytsch.

Wie du ... Aus der größten der Welt!
Baschkin bäumte sich auf. Ein Irregeleiteter, ein Verführter, das ist er, gescheitert –
Eine Bahn ins Nichts.
Die Tränen rannen ihm über die Backen. Er dachte plötzlich kalt: Man hat uns vergessen. Zurückgelassen. Voran – kommen die Dinge ... Die Zeit hat sich zurückgezogen. Er grub den Schuh in den Schotter.
Nein, sie hat ein Urteil gesprochen. Du bist verurteilt, Sachar. Verbannt.
Sibirien. Er machte kurzen Prozeß.
Er sah seinen Bruder vor sich, der helle Haarschopf, der feste Rücken. Er sicherte ihn auf der eisigen Bühne des Dükers. Eine Böe riß Anton von der Schräge, unter dem Bretterhalt durch. Das Seil schnellte an Sachars Kehle, er oder ich; da ließ sich Anton, Hand erhoben, fallen.
Sachar spürte das sengende Leben.
Was willst du mir eigentlich sagen, schrie Sergej. Werde ich satt davon? Was soll ich nun hören. Jobtwojematj. Will ich leben wie du? Gibt mir das einen Rubel? Verdammter Alter, will ich so leben?
Der Sträfling stand auf dem Damm und glotzte

auf den Vernehmer. Er zog die Makarow heraus.

Loslassen, schoß es ihm durch den Kopf. Ich muß mich fallenlassen.

Hat das Leben Sinn? Einer muß dran glauben.

Er band Sergej los und hob die Hand

Was kommt?

Da Jorge, verschmutzt, müde, noch an der Avenida Atlântica lauernd, die Geschäfte waren geregelt, die freie Hand (das war ein Tick) von sich streckte vor einen Passanten hin, wie eine hungrige Zunge, oder als Ausweis seiner nutzlosen, gefährlichen Existenz, blickte ihn der, statt auszuweichen auf den feinen spitzen Schuhen, durchdringend an und packte ihn mit seiner kleinen Klaue: nahm Borges, so angegangen, in einem rebellischen Überdruß! und ein wenig berauscht von dem rasch, an der Barraca, getrunkenen Bier, den Dreckskerl fest am dünnen braunen Arm und führte ihn, nach einem Wortwechsel: wie heißt du, wie alt bist du, fast gewalttätig über die Fahrbahn gerade auf einen Hauseingang zu und lotste den Widerstrebenden am Portier vorbei in den blitzenden Fahrstuhl, der in den obersten Stock glitt.
Borges schob den Jungen, durch mehrere eiserne Türen, in das Atelier. Er ließ das Telefon klingeln (alle Welt erkundigte sich nach seinem Befinden); er widmete sich dem erschreckten

Gast. Ein Mischling, verschloßnes, erfahrenes Gesicht, die Ärmchen mit großen kantigen Händen, die Knie zerschunden, von Schorf bedeckt. Das T-Shirt hing aus der Hose, die Turnschuhe zerrissen. Kennst du keinen Anstand, fragte Borges und überging die Frage, man mußte Grund hineinbringen. Hast du gegessen. Wasch dich, sagte er und öffnete dem Kerl das Badezimmer, und Jorge, unsicher über die Absichten des Alten, zog sich herausfordernd langsam aus. Borges mischte das Wasser und goß eine Essenz hinein, die er zu Schaum schlug. Waschen, befahl er, von der Stirn bis zur Sohle. Jorge befolgte widerwillig die Weisung, wurde kalt abgeduscht und hatte sich, mit einem großen weichen Tuch, das ihm der Herr auf die Schultern schichtete, abzureiben. Dann brachte ihm Borges Kleider, sein alter schmächtiger Leib entsprach dem des Jungen, und der mußte sich in die Hose und Jacke finden, vor Scham mit den Tränen kämpfend. Diese Vorbereitungen mißfielen ihm; und worauf? Borges stellte indessen, in einem kleinen fensterlosen Raum, Teller und Gläser heraus und bereitete ein schmales Abendbrot, den miteinmal Schüchternen streng zum Zulangen mahnend. Da entdeckte er, in Jorges Faust, die er bei allen Prozeduren also nicht geöffnet hatte, eine Rasierklinge, und Jorge, ertappt, unberührbar, lächelte gewinnend.

In diesem Augenblick wurde Borges klar, daß er den Fang nicht wieder fortschicken würde, nicht heute und morgen. Er mußte mit der Bestie die Wohnung teilen. Sie saßen in der Falle: durch ihre Reflexe hineingeraten; undurchschaubar einer für den andern. Es trennten sie gerade siebzig oder achtzig Jahre, sie waren Zeitgenossen. Man konnte sich (dachte Borges großzügig) auf Dauer nicht aus dem Wege gehen. Man mußte nur die Nacht überleben.

Er wies dem Jungen einen Schlafplatz zu und legte sich in seine Kammer. Jorge harrte der ungewissen Dinge und suchte nach seinen Sachen, aber fand sie nicht in der Halle. Er stieß an Bücherstapel, Tischplatten, an eine Stellage, an der Pergamentpapier raschelte. Wozu war er hier? Es gehörte nicht zu seinen Gewohnheiten, jemandem zu Willen zu sein. Andere, Ältere waren besessen darauf; wenn sie *zu* waren, war ihnen alles egal, bekifft machten sie das. Am

Strand, am Posto 8 hatte ein Mann ihm Geld geboten, immer mehr, bis er nicht mehr widerstehen konnte. Es war eine unverbindliche Weise, an Geld zu kommen. Mit Stehlen oder dem Wechselgeld verdiente er überlegter, gewagter seine Reais. Man hatte das Geschehen in der Hand. – Er wälzte sich, in dem weichen Anzug, auf dem Lager; hatte er ihn auszuziehn, gehörte er ihm? Widrige Fragen. Der Kragen roch undefinierbar süß, er reckte den Hals heraus. Wo sollte er pissen? Er mußte pissen. Er fürchtete aber, der Herr könnte sein Ungeschick hören. Von Geld war nicht geredet worden, betrog er ihn? Er verachtete es, hintergangen, *mißbraucht* zu werden. Morgen, in der Frühe, wird er den Ausgang erzwingen: dachte er zornig, bis ihn der Schlaf übermannte.

Am Morgen umfing ihn eine ungeheure Helle. Er lag unter dem Himmel, und doch in einem Bett. Ein unendliches Fenster ließ ihn herein, selbst die Wände leuchteten. Jorge hob sich rasch auf und spähte in den Raum. Zwei junge Männer, über Tische gebeugt, starrten lächelnd zu ihm herüber. Er stand unglücklich in seinem Aufzug, eine Spottfigur. Wie soll er sich wehren? Aber Borges erschien. Das ist Jorge, sagte er. Das sind meine Assistenten: João, Osman. Und zu ihm gewandt: Tudo bem? – Es geht so, erwiderte Jorge. Das ist gut so, sagte Borges ernst. Du weißt, wo das Bad ist. Jorge drehte, zur Vorsicht, den Hahn auf und hielt die Finger darunter. Er hörte den Alten den Männern Anweisungen geben, sie fuhren mit den Armen über große weiße Blätter, die wie Segel an Rahen hingen. Das Zimmer schien zu fliegen. Fertig, mein Freund? fragte Borges mißbilligend. Dein Frühstück steht auf dem Tisch. Morgen läßt du mich nicht warten. Jorge kaute die ganz unbegreiflichen Sätze. Weißbrot, Butter, Käse, Honig, ein Glas Milch. Er haßte die Unannehmlichkeiten. Er stand mehr als er saß, fluchtbereit.

Nach einer Stunde, in Ruhe gelassen, er hatte den Geräuschen gelauscht, das Zischen der Stifte auf dem Papier, die Telefonate, ein seltsames Wohlgefühl hielt ihn auf dem harten Stuhl fest, hörte er Borges sagen: Was wird mit dir? Wie denkst du dir das, Senhor. Sprach er mit einem der Männer? Sie sahen ihn aber an. Und Borges stand vor ihm: Rede. Jorge sprang an die

Tür. Was willst du, fragte der Alte / der Junge: Was willst du?
Das sage ich dir, entgegnete Borges streng. Ich will auf die Straße, gab Jorge zurück. Um zu betteln? Schlimm. Jorge schüttelte trotzig den Kopf. Um zu stehlen? Er blickte dem Alten kalt in die Augen. Das ist besser. Aber es bringt nichts, wie. – Ich stehle nicht, murmelte Jorge. – Du stiehlst die Zeit, das Brot, die Luft. Sie standen voreinander, Borges die Hände in den Taschen, und auch Jorge verbarg sie, und den Blick am Boden. Ich will, daß du mir zuhörst. Wir reden von Mann zu Mann. Wir kennen die Welt... Was ist das Schlimmste, was du getan hast? – Was ich getan hab? – Dein größtes Verbrechen. Jorge, unversehns, überlegte. Daß er seiner Mutter weglief: das war wohl schlimm. Als er acht war und es satt war zu hungern. Sie suchte ihn wochenlang, in den Morros, den Hipermercados. Daß er die *Unschuld*, dachte er härter, seiner Schwester verkaufte, Julita, für 1500 Reais. An den Fischhändler Dantas in Lemo, die Hälfte gab er ihr ab. Er stand mit glühenden Wangen, ohne doch etwas zu sagen; Borges nickte ihm zu, ohne etwas zu hören.

Nein, sagte Borges, das größte Verbrechen ist: daß du nicht lesen und schreiben kannst. Jorge schwieg, er verachtete dumme Reden. Das Schlimmste ist das, was kommt . . . Borges löste ihn von der Tür, kein Widerstand in den Flechsen. Meine schlimmste Tat – Borges lachte: daß ich Cardoso gewählt hab, den Hurensohn. Daß ich seinen Worten geglaubt hab . . . Er trat vor die Staffelei und zog einen Strich. Das ist das Land. Das ist ein Haus. Das ist eine Schule. Glauben, das ist das Schlimmste, wenn man es wissen kann. Daß sie dich betrügen, Senhor. Die Landlosen um ihr Land. Jorge lächelte auch; ihn schwindelte von der Rede unter Männern. Er rief, mit schwacher Stimme: Ich will gehn! – Ein Verbrechen wär, dachte Borges, wenn ich dich gehen ließe. Wenn ich dich wegschickte, wie.

Das schwarze Dienstmädchen kam, Borges gab ihr die Schlüssel, und den Jungen zur Obacht, und ging »eine Erledigung machen«. Er wohnte hoch oben, aber er mußte die Erde treten. Er stand, wenn die Schatten unter die Häuser liefen, und der Grundriß hervortrat, in den lauten Straßen und ließ seinen Leib überfluten. Der Lärm, die Gerüche beizten die

Sinne, eine demütige Sucht, der er verfallen war. Er war immer wieder nach Rio gekommen, von Kontinenten. Schöner war es nirgends und fürchterlicher. Die Stadt wuchs die Buchten hin, die Hänge hinauf. Cardoso hatte, um gewählt zu werden, die Morros freigegeben, nun wucherte das Obdachlose. Borges sah von seinem Reißbrett in die Favelas. Eine Unruhe in ihm brauchte den elenden Anblick. – Er ging wie gewöhnlich die Ladeira do Leme hinauf und durch den Schutt nach Babilônia hinüber. Der Gestank von Exkrementen und fauligem Schlamm; Blechhütten, Bretterarchitektur. Der Präsident hat höhnische Anteilnahme geäußert. Der Plano real saniert feinere Areale. Aldaizas Tür stand offen, Borges trat schweigend ein. Er vermied Formalitäten, Höflichkeiten, man verliert Zeit. Mit wenig Strichen muß vieles klar sein. Aldaiza war eine Hure, Borges der Kunde; ein junges Ding von fünfzig Jahren. Eine so faire Ehe hatte er nie geführt. Sie wußten, was sie voneinander wollten. Sie legten sich unter das dämmrige Dach. Diese gierige Stunde verlängte sein Leben. Aber es war ein Spiel, für das man bezahlte. Sie

bestimmten den Einsatz, aber nicht die Regel. ARM UND REICH, es war die Regel der Welt.
Die Regel war: er oder ich. Jorge, als er erkannte, daß von dem Alten keine Gefahr drohte, überlegte, was Schlimmeres hinter dem Anschlag steckte. Es war ihm unerfindlich, was man an ihm für Interesse nahm. Kindisches Gewese; hatte der Alte einige elementare Dinge vergessen? Daß er, in diesem Anzug, nicht auf die Straße konnte. Daß das keine Kleidung war für den Broterwerb. Daß er, vor den Jungen, bloßgestellt wäre. Und wenn er ausbliebe, die Macht über sie verlöre, die er, durch seinen Scharfsinn, innehatte. Er könnte die Angelegenheiten nicht mehr regeln. – Er hielt zerknirscht vor dem Fenster; die Stadt, in ihr seine schimmernde Ungestalt. Er fürchtete, in eine andere Welt zu geraten. – Er mußte erzählen, was ihm widerfahren war. Wohin er gedrungen war. Dort, hinter das schimmernde Glas. Er hatte das Paradies inspiziert; wo er Zugang hat.
Teresa, die Schwarze, wusch Gläser ab. Wie kam er unbemerkt heraus? Jorge trat von hinten an sie heran und preßte, seine fantastische Kraft ge-

gen die matte des Mädchens setzend, mit dem Unterarm ihren Hals zu. Teresa, schreckstarr, ließ sich die Schlüssel aus der Schürze nehmen und auf bleiernen Füßen an die Tür bewegen. Die Männer nebenan hörten nichts. Blut schoß aus Teresas Nase auf seine Hand, ihre Arme schlugen hinter ihm ins Leere. Er ließ sie los, seine Rasierklinge zeigend, sie hockte keuchend am Boden, während er die Schlüssel sortierte. Der! sagte er lächelnd. Halt, sagte Teresa. Er zog den Schlüssel aus der geöffneten Tür und steckte ihn in den Mund, und der Komplizin die Klinge auf die Zunge. Wie sie schwieg! über das Verlöbnis; er rannte die Treppen hinab.
Borges, zurückgekehrt, sah, daß sein Zögling verschwunden war. João und Osman gaben den üblen Bericht. Sie hielten Teresa im Arm, er goß ihr ein Glas Wein ein. – Ein schändlicher Bursche, der wird am Galgen enden / an der Nadel. – Er hatte ihn ans Herz gezogen, konnte er bei der ersten Gelegenheit gleichgültig werden? Er mußte ein wenig, gegen die Launen des Lümmels, ausdauernd sein. Aber Borges war plötzlich müde, er schickte die Gehilfen nachhaus. Er stand vor den Blättern mit

ihren (seinen) Entwürfen. Er zog einen Strich.

Er: war neunzig, er hatte das Jahrhundert durchschritten. Das Jahrhundert hat, was sich denken ließ, getan.
Der Junge: neun; ein Jahrtausend, hieß es, begann.
Wo war der Zusammenhang? – Wie gesagt, es war alles probiert. Erfindungen, Pläne, Kriege. Unerhörte Verwirklichungen, Vernichtungen. Man hatte, auf allen Kontinenten, alle Ideen verbraucht. Man hatte Worte gehabt, die nichts mehr galten: *revolución* in Mexiko, *socialismo* in Peru, es war immer Kapitalismus gewesen. In Rußland hat man sich noch eine Epoche weiter geträumt und gedroschen. *Globalisierung*, dem Glauben hing man jetzt an. Man war nie und nirgends auf den Grund gekommen, der umzuwälzen war. – Und nachdem alles gewesen war, und keine Hoffnung geblieben war, war die Frage: was kommt?
Borges lag die Nacht wach. Die Dummheit kommt, das Vergessen. Osman und João, seine *Mitarbeiter*, mußte er nicht fragen. Es waren

rechtschaffene Kreaturen, in seine Spur gesetzt. Von ihnen war nichts zu fürchten und zu erwarten. Ihnen konnte er sich nicht verständlich machen. Die Nächsten, die Kinder, würden die Antwort geben, die Unbekannten, die Ungeheuer. Sie waren zu unterrichten, unerbittlich das Ungewisse zeigend. Der Strich so fest, daß er eine Möglichkeit darstellt, und so dünn, daß er keine endgültige Lösung bietet.

Oder ein Strich darunter, hindurch – . Borges war fähig, dieses Blatt zu zerreißen: und im Gegenteil zu sagen, daß noch fast nichts war, nicht gedacht worden war. Überhaupt kein Verstand in der Sache war, wie sie steht! Und die Sache, wie sie steht, aus bloßer Not, ohne Losungen zu lügen, elementar, zum Aufruhr ruft. Nichts besteht; und was sich sicher wähnt, hat den Keim der Auflösung in sich, die Empörung. Eine rohe Freude durchfuhr ihn; werden doch die besten Gebäude auf Ruinen gebaut, und leben kostet den Tod. Die Blendwand von Weißblech- / Dosen, eiserne Ration / Des Bewußtseins, aufgefressen / Vom Hunger nach Wahrheit / *Das ist die Mahlzeit, camarade.*

Er hörte ein Scharren, Rangeln vom Fahrstuhl

her, halblautes Streiten. Er lag dämmernd auf dem Drahtbett, zu schwach, um aufzustehn und nachzusehen. Wer kam so flegelhaft ins Haus? Er träumte, oder sah er Gespenster. Was ging ihn der Lärm der Welt an? Ein Schlüssel fuhr ins Schloß, und die Tür sprang auf. Ein kalter Schweiß floß über seinen Leib. Herein denn, zeigt euch, Ganoven, Genossen. Er erblickte verwirrt seine helle Jacke, seine eigne Gestalt, und, als er sich panisch aufrichtete, Jorges Gesicht, zu ihm hingewandt: Jorge, die Hände nach hinten streckend, stemmte sich gegen die Meute, die ihn trieb – Jorge also! wollte er ihn schützen, oder sie zu ihm führen, die den Jungen überrannte; und seltsam ermutigt zugleich und todmatt, denn nun lag es nicht mehr an ihm, was kommt, sank Borges, sich mit der Linken an der Wand, mit der Rechten am Boden stützend, zurück und sah dem entgegen

Lieferbare Bücher von Volker Braun im Suhrkamp Verlag

Berichte von Hinze und Kunze
edition suhrkamp 1169. 90 Seiten

Bodenloser Satz
Kleine Reihe
40 Seiten. Büttenbroschur

Böhmen am Meer
Ein Stück
edition suhrkamp 1784. 62 Seiten

Es genügt nicht die einfache Wahrheit
Notate
edition suhrkamp 799. 150 Seiten

Gesammelte Stücke
Zwei Bände
edition suhrkamp 1478. 276 Seiten

Hinze-Kunze-Roman
suhrkamp taschenbuch 3194. Etwa 280 Seiten
(Oktober 2000)

Iphigenie in Freiheit
Kleine Reihe
36 Seiten. Büttenbroschur

Langsamer knirschender Morgen
Gedichte
92 Seiten. Broschur

Lustgarten, Preußen
Ausgewählte Gedichte
suhrkamp taschenbuch 3124. 177 Seiten

Der Stoff zum Leben 1-3
Gedichte
Mit einem Nachwort von Hans Mayer
Bibliothek Suhrkamp 1039. 108 Seiten

Tumulus
47 Seiten. Klappenbroschur

Das ungezwungne Leben Kasts
Erweiterte Ausgabe
suhrkamp taschenbuch 546. 191 Seiten

Unvollendete Geschichte
Bibliothek Suhrkamp 648. 98 Seiten

Die Unvollendete Geschichte und ihr Ende
Bibliothek Suhrkamp 1277. 122 Seiten

Verheerende Folgen mangelnden Anscheins innerbetrieblicher Demokratie
Schriften
edition suhrkamp 1473. 157 Seiten

Die vier Werkzeugmacher
Kleine Reihe
51 Seiten. Büttenbroschur

Wir befinden uns soweit wohl.
Wir sind erst einmal am Ende
edition suhrkamp 2088. 181 Seiten

Trotzdestonichts oder Der Wendehals
suhrkamp taschenbuch 3180. 184 Seiten

Im Jahr 2000 in neuer Ausstattung wieder lieferbar:

Volker Braun
Hinze-Kunze-Roman
Romane des Jahrhunderts
im suhrkamp taschenbuch 3194. 220 Seiten

Wer sind Hinze und Kunze? Wie die Redensart es will und der real existierende Sozialismus, sollten sie Gleiche sein; um so auffälliger, daß sie es nicht sind. Kunze ist Funktionär, Hinze ist sein Fahrer. Kunze sagt wohin, und Hinze fährt den schwarzen Tatra durch die Republik. Vorwärts: das ist ihre Richtung.
Es ist eine Komödie des Status quo, der knechtenden Verhältnisse vertikal geteilter Arbeit, die der frühe rohe Sozialismus nicht aufheben konnte. Der satirisch-philosophische Roman, der seine tödlich ernsten Späße »im gesellschaftlichen Interesse« macht (»ich begreife es nicht, ich beschreibe es«), hat bei seinem Erscheinen 1985 in der DDR heftige Kontroversen ausgelöst. Ein Nachwort von Dieter Schlenstedt wollte die massiven Einwände der Kulturbürokratie entkräften, eine negative Rezension im »Neuen Deutschland« sollte den Roman ächten: beides bewirkte das Gegenteil.
Die vorliegende Ausgabe enthält neben dem *Hinze-Kunze-Roman* die zwei Jahre zuvor erschienenen *Berichte von Hinze und Kunze*, kurze »Studien am lebenden Objekt«.

Im Jahr 2000 in neuer Ausstattung wieder lieferbar:

Volker Braun
Lustgarten, Preußen
Ausgewählte Gedichte
suhrkamp taschenbuch 3124. 184 Seiten

Volker Braun ist Dialektiker im genußreichsten Sinne, seine Dichtung eine Verschwörung des Subjekts gegen das nichtgelebte Leben in einer bewußtlosen Gesellschaft, urteilte die Jury des Kritikerpreises 1996 über die *Ausgewählten Gedichte. Lustgarten, Preußen* interpretiert sein lyrisches Werk aus der Erfahrung und Lust eines Jahrhunderts der Niederlagen. Dieses Werk voller Übergänge ist ein »Training des aufrechten Gangs«; der »lebenslängliche Leib« macht sich auf in eine Geographie, in die ihm »der Dämon der Ideologien« nicht folgt. »Wie im Zeitraffer wechseln«, so Gerhard Wolf, »Szenen, Gespräche, Kommentar und Zitat, sinnlicher Akt mit abstrakter Reflexion, um die brennenden Fragen der Zeit in ihrer Bewegung zu erfassen.« Schonungslose Desillusionierung begegnet einer sich immer explosiver gestaltenden Sprachkunst »bodenloser Sätze«.